DE LOS EXTINTOS

DE LOS EXTINTOS

ANA VICARODI

Valparaíso
EDICIONES

Número 489 de la Colección VALPARAÍSO DE POESÍA dirigida por FEDERICO DÍAZ-GRANADOS

Diseño de colección y portada: Chari Nogales

Primera edición: abril de 2025

© Valparaíso Ediciones
C/ Fray Leopoldo, 7 bajo, 18014 Granada
www.valparaisoediciones.es

ISBN: 979-13-87538-42-2
Depósito Legal: GR 494-2025

Impreso en España - *Printed in Spain*
Gráficas Gami

DE LOS EXTINTOS

POESÍA PARA MOLUSCOS

A mano, igual a cuando un niño raya una pared.
La culpa llega más tarde
y permanece, como el garabateo.
Sigue
Anne Carson dice que
"es el espacio que hay entre dos realidades"
¿Acaso hay algo real?
Los sapos de Marianne Moore
en jardines imaginarios.
Según Profecías
tener miedo pasó de moda
y Heliotropo es con H.
Habla de los labios,
de los adverbios
del sonido del negro
y todo cobra sentido.
Pero hay que alejarse de allí
porque el blanco duele más que el negro
esto es "Lo último que diré"
todo sucede en el lenguaje
de los caracoles
elíptico
que gira en torno a lo pedido.
En once días
llegaré descalza a un aeropuerto.

I
SEGÚN LA BIOLOGÍA

ESPÉCIMEN 1

Ha pisado la hiedra
y se entumece su pie.
Por el talón entra la sospecha,
como la pringamosa,
severizando el malestar,
dando inicio al escozor.
No hay testigos,
solo la introspección y la urticaria.
Urera baccifera,
"mala mujer",
vesicante.
Se propaga la toxina hasta su raciocinio,
aparecen achares que le hacen cojear.
El tallo erecto se ha laxado,
alcalinizando el cuerpo,
con el líquido cáustico.
Contacto, roce, picor intenso,
cuando se tocan los glomérulos.
Las fibras nerviosas de la piel se excitan,
se transmite la histamina y la desconfianza,
como el veneno que lo aflige.

ESPÉCIMEN 2

Cuento las vértebras de un pez azul,
y de un cuadro en oferta
que nadie compró
retros pectiva
toda la mano
cuatro dedos
tres.
Hay que cortarse las uñas
primero se leía el puño en una letra,
la letra se desplazó
y el verbo se hizo
redundan te fijas te
ambas sonam-os
a complejidad
colgadas de una puerta
que huele a memoria
a pescado sin ese
cuyas espinas molestan después de comer
mejor le pregunto a Paul Klee.

ESPÉCIMEN 3

Y qué si me gustan
los escarabajos,
aunque a veces sea la carga
de un pelotero.
Voy cuesta arriba,
me empuja la cafeína.
Algunos anfibios comen moscas
que chupan la sustancia
de lo descompuesto,
como el burro de Buñuel.
Y al final,
también me lamen
los dípteros.

ESPÉCIMEN 4

Se volvió escasa
y me inicia.
Se encoge, se gargoliza, se empluma
a veces
deja de parpadear
en un aletargamiento que asfixia
todavía resuella, lo comprobé,
así como he comprobado su frivolidad.
Un aleteo interrumpe el estatismo,
parece sacudirse un verso.
Hace mucho
llegó de *La República*,
expulsada por la filosofía,
como el Nigel de Mana,
escribe

ESPÉCIMEN 5

Los fractales
y el sonido de las abejas
parecen unirse
en el abrazo dieciséis
y en el golpe de la puerta.
El graznido de los cuervos
se ha anidado en una canción.
Alguien cruza la calle sin mirar
porque busca un gusano
que se escapó de un libro,
cuyo autor perdió los lentes,
como un pretexto,
hasta llegar al vaivén
que culmina
en las sombras evaporadas.
Las zapatillas en la brea
y el olor del gris en las mañanas.
Lúpulo, malta, agua y levadura,
producen la espuma del río salobre,
que se desborda en un vestido:
la negación del sastre.

ESPÉCIMEN 6

Las escamas de los conejos cambian de color al tacto
y las ovejas
se han hecho dueños de la atención
los pies
se cansan
y comienzan a ser dientes
en el desove
nadan al revés
sabiéndose pescados
los adultos
siempre regresan al génesis
y han abierto un consulado de iguanas
en Bélgica los perros de México
siguen escribiendo en la Universidad Desconocida
desde entonces
no tengo amuletos
icé su miembro cadavérico
hasta que se atiesó
de noche
se lo llevaron
con los romances de los gitanos
y el llanto por haberse perdido
los pies
se cansan
cuando se habla del clima
y la mente de las babosas
no se altera
todo es bablear.

"No te dejes llevar por el río"
nos salió al paso
se presenta en miel
un lebrón perseguido por unas niñas
yo podría ser una de ellas
de las criaturas
o de las dos liebres que fueron observadas
devorándose.

II

SEGÚN LA ARQUITECTURA

ESPÉCIMEN 7

Sobre dos pedazos de manzana,
arriba en el metal,
donde crujen las voces caminantes,
hay una canaleta,
y en la parte externa de su órbita,
escurre lípidos de los tejados.
Las voces pasan, en la ceguera de su rutina.
Nadie sabe dónde está la bicicleta,
solo un genio suicida la busca en las alturas.
Al descender,
sin haber saltado al vacío, la encuentra.
Dejó de repetirse y debe usar los pies,
sobre el suelo donde hablan los que no ven.
Ha descubierto un poder y un escenario,
Se convirtió en el actor de las llaves,
y en el charco de lípidos que cayeron antes,
humedeciéndolo.
La línea de la dramaturgia se enreda,
manchando un tablero blanco con tachones verdes.
El abridor de puertas se ríe de sí mismo,
pero no está solo,
pasó cinco meses y ciento cincuenta noches despierto,
en un diálogo con un sinónimo suyo
y con burbujas de jabón.

ESPÉCIMEN 8

La piel es una fachada
para mantener el aire dentro,
pero Baron Jenney
pudo ver los cimientos en un libro,
encima de una jaula de pájaros
sin envergadura,
aunque las aves apencan el cautiverio.
Contra el viento los trabes,
y una manía de ocultar chapiteles
para fingir grandezas.
Eso fue idea de Chrysler,
¡Qué tramoya!
El ascenso se encuentra en el núcleo
y en el coeficiente estructural,
lo demás,
son tubos de drenaje.

III

SEGÚN LA LINGÜÍSTICA

ESPÉCIMEN 9

"En las historias de amor también se desayuna"
Un melindre.

Los depende,
sin la p de espejo vertical,
son los tropiezos de los
rompecabezas.

La raíz fallere del latín,
terminó en falacia, en falla y en fallecer.
Por eso son cacofonías de follar.

Son como el realismo visceral,
los perros románticos
y los archimboldianos.

ESPÉCIMEN 10

No le dirá lo que se escribe
en el horno.
Antes mojó la olla con vino Pe Blanco
y compartió el hielo en el poyo
de la cocina.
El mantel fue una toalla
allá, allá, allá
ahora tan lejos
en la zona de peregrinación
del santo que mira por la ventana
del domingo un jueves
veintiséis
el cinco be
la letra y el sonido que representa
en el diccionario
lo que no se oye, el sudor
y la comida en el desayuno del anfitrión.
—Regresaré.
La promesa de venirse
hecha carne.
Peregrinación
flagelación, penitencia
tsuge, antitusígeno
ti, tú, sí.
El día del advenimiento
corres pon de un seis
su nombre es un palíndromo
"palin dromein"

Somos seres solos
también sometemos
con los pies
en lo sagrado
reconocer
para Darío Lancini:
"Yo de todo te di
pide, todo te doy"
Ana

ESPÉCIMEN 11

¡Qué bien camina la sombra por el andén!
Y entonces y bienvenida
la ilustración
lo mismo es el ombligo para la geometría
y el pie es la séptima parte del hombre
en el cotejo de los eruditos
luz es monosílabo y los bisílabos son tres
cuatro nobles verdades para los budistas
un sermón se ajusta a la apostasía con la ley de la gravedad
sin expulsión no existiríamos
¿Dónde queda el apareamiento de las especies?
El exclusivista no existe en la naturaleza
solo en los seres humanos y algunas cigüeñas
la palabra canon significa regla
entre comillas aquello que no tiene texto y es
en el sincretismo del imperativo
hay una bandera de rendición
sostenida por quien no espera
un juicio ni la renuncia
solo dormir
con las piernas extendidas
no vamos a ningún lado
¡Hazlo!
Que las horas son blancas
como tu miedo
en los ojos y en las enteras manos
sudan los pinceles del artista
su obra es un Kitsch

no existe un artífice con júbilo
hay un cangrejo en el baño.

ESPÉCIMEN 12

Entre las tablas
me hablo de más y me canso
remolineo

Tin tin tan barrera
Tin tin tanta luz

Vagones con tierra

Más vagones
más tierra
Temblor

Transitan de nuevo
al horno de cuerpos inertes
se tren y
estaba allí antes
pero hace poco me enteré
desde el balcón
un cuervo nunca olvida una cara
¿Será cierto el humo?

Erre con erre
Cigarro
Rápido ruedan los carros
cargados de azúcar
Café

La chimenea de aluminio
sobresale
Los he visto llegar
cuando los traen en coches
al revés

Desde entonces
cierro las ventanas
para no olerla

La funeraria
airar en uf

Un recordatorio en mor
sale más barato supongo
es más fácil de hacer
y de olvidar el polvo que eres
es

Remo lineando bajo las tablas
pidiendo
diría pudiendo estar

Me voy a comer
las cenizas
zas
y los paralelos

Que no me lleven
ven que me entierren
en ti erren
el polvo que eres
fue

IV

SEGÚN LA ANATOMÍA

ESPÉCIMEN 13

Un cigarro se consume
al revés,
entre sus dedos de aye – aye,
daubentonia.
Suspira el humo entre cenizas,
cuando la *Traviata* termina.
Exhala un quejido sin intención,
que impregna de yerro el sofá.
Su cabello se reduce a tres fideos
y media almeja,
la almeja en la frente,
por supuesto.
Trae la ropa impregnada
de barro y humedad,
igual que el suelo,
pues ha entrado óbito del túmulo
que está en el patio.

ESPÉCIMEN 14

En cada punto su lunar,
lampiño como la culpa,
sumergido en lejía y en llanto.
La ingratitud de una mancha sobre su piel,
¡Cuánto bullicio!
Laceración de páginas
en epidermis
de cordura
teñidas de insensatez.
Pensamientos suspensivos,
punto indeleble,
lunar final.

ESPÉCIMEN 15

Es sabido que no hay que hablar de clichés,
como la metamorfosis o la lluvia.
Pero ¿qué nos deja la sequía?
Un valle de huesos y un calcetín,
el otro sigue perdido.
Los niños han dibujado un cuerpo en la pared,
con todas sus partes hasta el ombligo,
no se parece a nadie.
A nadie.
Al menos a nadie conocido.
¿Y si lo hacemos en casa?
Aquello de dibujar.
Nos pintaremos las uñas de blanco.
¿Es el blanco un color?
¿Cómo podría saberlo?
Si he perdido mis tonos.
Con de.
Los niños y las partes
¡Que llueva!

ESPÉCIMEN 16

Una idea se fosilizó
en el sonido del titubeo
dejándose caer sobre un fin
al poema le salieron dos manos
y alguien propuso ser cuatro
pues no cabían en el enunciado
una de ellas le fue cortada
en un acto de automutilación
el deshielo
sin congruencia
y presbicia
solo in vo lun tad
¿Cómo deshacerse de lo habido?
A mi abuelo de gustaba el pan

ESPÉCIMEN 17

Hay un insecto en su oído
desnudo
el zumbido de anoche
aún dura
la humedad en la colmena
varroa
¿Qué enredo larvario ha sido?
Rompió la membrana
y llegó a la cóclea
luego, se redujo
pármeno
en el sexto acto
¡Así! ¡Así!
A la vieja todo porque venga cargada de mentiras como abeja
alcahueta
chis me di ta
que del griego separa
por la trompa de Eustaquio
hace frío

ESPÉCIMEN 18

El páncreas mide entre 15 a 20 cm de largo.
Su inflamación puede afectar a la oración subordinada.
Cuando se es autoinmune le duele a alguien más,
como si fuera una esfera que gira un dedo hasta caerse.
Anemófilo, dispersión de esporas,
hay quienes temen al viento
cuando llueve en los brazos.
Léase al revés aibofobia
en aquella nuestra hoguera infecciosa
la redención sin guerra.
Léase cornucopias y abjuración,
si la fe pudiera ver que la voz no es el cuerpo,
dudaría.
Léase pan creas
y digamos abiertamente que son sabios los escaladores
que diferencian la fuerza de la sospecha.
También lloran, al menos hasta
que la calma se adueña del horario
donde se mantienen de pie como la única opción.
¿Sirve de algo saber esto?
Hay que bailar

V

SEGÚN LA METODOLOGÍA

ESPÉCIMEN 19

Helena sentada hila
yo, en cambio, no sé coser
ni remendar
el daño
estará bajo tierra
la ternura, el chandelle
y los senos tristes de Neruda,
me los hizo cuando soy más ella
no escribe, actúa au foyer el fantasma
es un exceso que cantaré
a las diez y dos décadas
llorando
remolinea lo que no ha sido,
desorienta.
Si todo sucediera en otro tiempo,
si cocináramos al pavo real
y a la Hera descarnada
para comerla al llegar
a la luz de una vela
oyendo mis desdenes
ojalá otra lengua
réveillant.

ESPÉCIMEN 20

La escalera de lo supuesto se interrumpe
en un dedo que señala dos golpes
para ejecutar el punto
en el cuadro de atrás
sobre las teclas
las pulsiones

Un impulso se enciende
en seis fotos tamaño carné y una radiografía
se materializa en la penumbra de lo desconocido

Angelous Novus

En la fonda de Port Bou
en La cábala y la afinidad

En Goethe se elige
en la nueva Melusina
en la tesis, la antítesis y la síntesis
también en Los lazos y la renuncia

Letal e incruenta

En Girona
en el Nicho
pre-dicho des-di-cho

Letal e incruenta

En los pasajes
sobre las cabezas y el memorial

Angelous Novus

Un impulso se enciende con los opioides
el Utopismo, el hachís y masa

Letal e incruenta

En la calle de sentido único
en los pasajes

¿Quién?
Me voy al cine

ESPÉCIMEN 21

Se plasma en dos mamparas
y en el vestido vacío
y en el carrizo des piernas
y en el catapiz
como los bigotes de un lobo
que finge detener sed
en el cultivo
buscad las puntas
de los pies
en la salida
llamaos al menos
de cerca
como quien guarda
los suspiros
en la alcancía
y en el armario
y en el revés
y en el olor a risa
salid de allí
traed los botones
vertebrad

ESPÉCIMEN 22

Existe una huella que nadie vio,
salvo una sábana azul,
en el quinto piso del cuarto treinta y seis
donde corriendo se volvieron agujeros,
abismos de letras futuras,
cuando ella escribía y no sabía leer.
El día que nació, no llegó al mundo,
eso sucedió después.
Los libros fueron abiertos y leídos,
salutaciones,
un calcetín en la recepción,
tercer nivel a la derecha,
por el elevador del fondo.
Desde entonces se amigan los jueves,
los sábados son de ajetreo.
No solo de palabras viven.

ESPÉCIMEN 23

Tararea la semana y busca qué hacer,
    recogiendo ideas del suelo.
—Si se pegan viejos cepillos de dientes en el marco
    de la puerta, pueden tocar el cuerpo.
—Pondré un collar arriba de cualquier parte
    para decorar.
Si Wundt no hubiera creado el laboratorio en Leipzig,
    no seríamos siglas.
Y si la frustración se asocia con el error, ¿Por qué tolerarla
poco también lo es?
Poca tolerancia a la frustración. Poca tolerancia a su
    frustración, poca tolerancia a la mía, frustración.
—Si dices el mismo número dos veces, por ejemplo, diez,
    diez, tu voz se escucha más fuerte.
Pero si dices dos, uno, NO.
Tampoco si dices nueve, ocho o diez, nueve…
Puedes decir un número mayor que once, pero necesita
    repetirse.
No sabe de cábalas
Apenas cuenta
¿Cuánto mide el coeficiente intelectual?
-Yo pertenezco afuera, no voy a entrar.
Período de prueba
Colaterales
Homeostáticos
Era sonámbulo el doctor.

50

VI

SEGÚN LA GEOGRAFÍA

ESPÉCIMEN 24

Cada uno de sus lápices
fueron besados,
y cuando escribe,
lo recuerda.
Se ha vuelto un vicio,
y quizá,
se deje crecer el pelo.
Desde la tribuna también
se envidia al espectador.
Se ha perdido bailando
en los Himalayas,
con un traje beige.
Quería ver lo que hay detrás,
es una herida,
el inicio.

ESPÉCIMEN 25

Una tiza se parte
mientras hay cuatro
manos en la cintura
y un insecto presume estar calcado en un corcho
doble.
Alguien corre en el diecisiete
un día antes, justo en medio
cuando los años arrastran
las ruedas del acento
y la tradición del anuario
se resiste en los dedos
y en el sabor a café.
"Sensación que ciertos cuerpos producen
en el órgano del gusto".
Siempre implica a un solo
mientras dure.
Lo vertical se define por el peso
que cuelga en un collar
en punta y suspensivos
volver al desayuno de las historias
buscando una ubicación
que se prolonga
hasta cansarse
es mejor actuar.

ESPÉCIMEN 26

En un principio el álgebra era un procedimiento
quirúrgico para enmendar huesos rotos. Pongo en duda
la exactitud de las matemáticas y un tercio es igual a cero.

Hemisferio izquierdo
Z es multitud X es un exceso
Ojalá también es un arabismo

Las letras son líquidas
Y bastardas.
Se dice que un Hidalgo reclama su paternidad,
Veintitrés cromosomas no son suficientes.

Hay códigos que no deberían enseñarse en las escuelas,
amarillo, en las escuelas, amarillo, en las escuelas, amarillo.

Juguemos a las escondidas.

¡Apaguen la luz!

Shhhhh, silencio.

Calladitos.

Shhhh, la ventana.

Debajo de la mesa
Debajo de la cordura

Hay que cerrar la puerta.

¿Cuántos fueron?
Al menos una docena.

También él mismo, en la biblioteca.
En las noticias, en la radio.
Los grados, las horas, las edades.

Unos días,
Se limpia todo.
Regresan.

Regresan,
Otros días,
Debajo de la mesa
Debajo de la cordura

Aquí no hay álgebra que enmiende los huesos rotos, ni letras, los colores se escuchan en las calles, rojo, azul, rojo, azul, rojo, azul, rojo, azul, rojo, azul, rojo, azul...

Sumatoria de casos, problemas congruentes, factores, radicales, división, común denominador, estudiantes, profesores, fracciones de segundos, histograma, lógica irracional, múltiples, porcentaje, radio, sector, uniformes, hipótesis, patrón recurrente, geografía norte, cifras ascendentes, nueve, diez, once años.

Le encantaba bailar.
¿Y si fuera mi hijo?

Veintitrés cromosomas no son suficientes.

Mañana es lunes.

VII

SEGÚN LA SOCIOLOGÍA

ESPÉCIMEN 27

Leía sobre el "testamento geométrico"
Pensaba qué libro colgar en el patio,
Cuando la mancha en la colcha se burló de mí
recordándome el motivo.
Hacía falta un conector
y escatología y catatonia son providenciales.
Aquí se puede dudar del adjetivo por temor a Erinia.
En todo caso, leer es irregular,
a veces se parece a la fiesta de Jaume Sisa
y cualquier noche puede salir el sol.
Los niños no tienen asco, solo ternura.
Así fue como llegamos a esto,
hay quienes confunden a los tres hermanos,
por una serie de eventos,
con el poeta "que frecuenta la tempestad".
Y todos ellos regalan flores
¡Qué cursilería!
17 meses sin hablar, con lucidez
hice la cuenta
en una subasta
y en el arte de explicar los sueños
por un maldito decaDante.
El paraíso no existe,
es artificial
mi madre sí me quería.

ESPÉCIMEN 28

De ida y vuelta.
Dijo siendo el pasajero que permaneció despierto,
mientras los otros dormían.
Aquel que la noche anterior,
ya anunciaba la hora del abordaje y el fundamento.

Se quedó en vela.
Quizá debido a la línea de vida más larga que había visto.
Es una vida que se niega a vivir tanto.
Y el absurdo de ir en un vagón,
cuando tiende a caminar.

La seducción es compleja.
Es como pasear por callejones de susurros.

Por esas latitudes
por donde te has desperdiciado
yo no pienso regresar.

Límite de velocidad setenta millas.
Hay muchas mujeres taxistas,
hay quienes tienen letra de niña
y guardan la ropa sucia debajo de la cama.

ESPÉCIMEN 29

Un hombre se despalabra.
Jan ken pon
Altazor
regurgita las ganas de hablar
sentenciándolas
las escupe
en siete cantos
y salta de un avión
fragmentado
se despide de un ave
y bebe cognac
ve a un perro lamiendo estrellas
en donde el viento azota a Dios
con fábulas de morfina y paradojas
sus cabellos piensan
y ve a Robinson Crusoe
yo veo los mundos de Mario Bros.
Mientras los sueños huyen por las pantallas
y agoniza el último poeta
aquí yace, abrid la tumba
al fondo se ve el mar
mi padre era ciego.

ESPÉCIMEN 30

Vuelve como si no recordara
la casa que los consumió
hasta el castaño
¿Dónde están los aviones de papel?
¿Queda acaso un hasta en el luego?
Un hombre no puede ser un trapecio
quizá, el lazo que lo sostiene
mojado en el borde de su bolsillo
sus dedos sobre la mesa observan
el recorrido, de nuevo
balbucea
¿Cómo se dice células?
No cé el comienzo, no sé
el   lu gar
ni las ganas
canta en la sopa
la ducha es arroz
todo es azar
el borde, las ganas, la casa
Él

ESPÉCIMEN 31

Su llanto succionó
mis intenciones
in media res,
corrigiendo mis líneas,
con antagonía,
y la añejez tintorezca,
con bocanadas de represión.
Un halo fue digerido
en el agrietado deleite.
Fragilidad que lastima,
fortalecida en Victoria.
Crecerá.

ÍNDICE